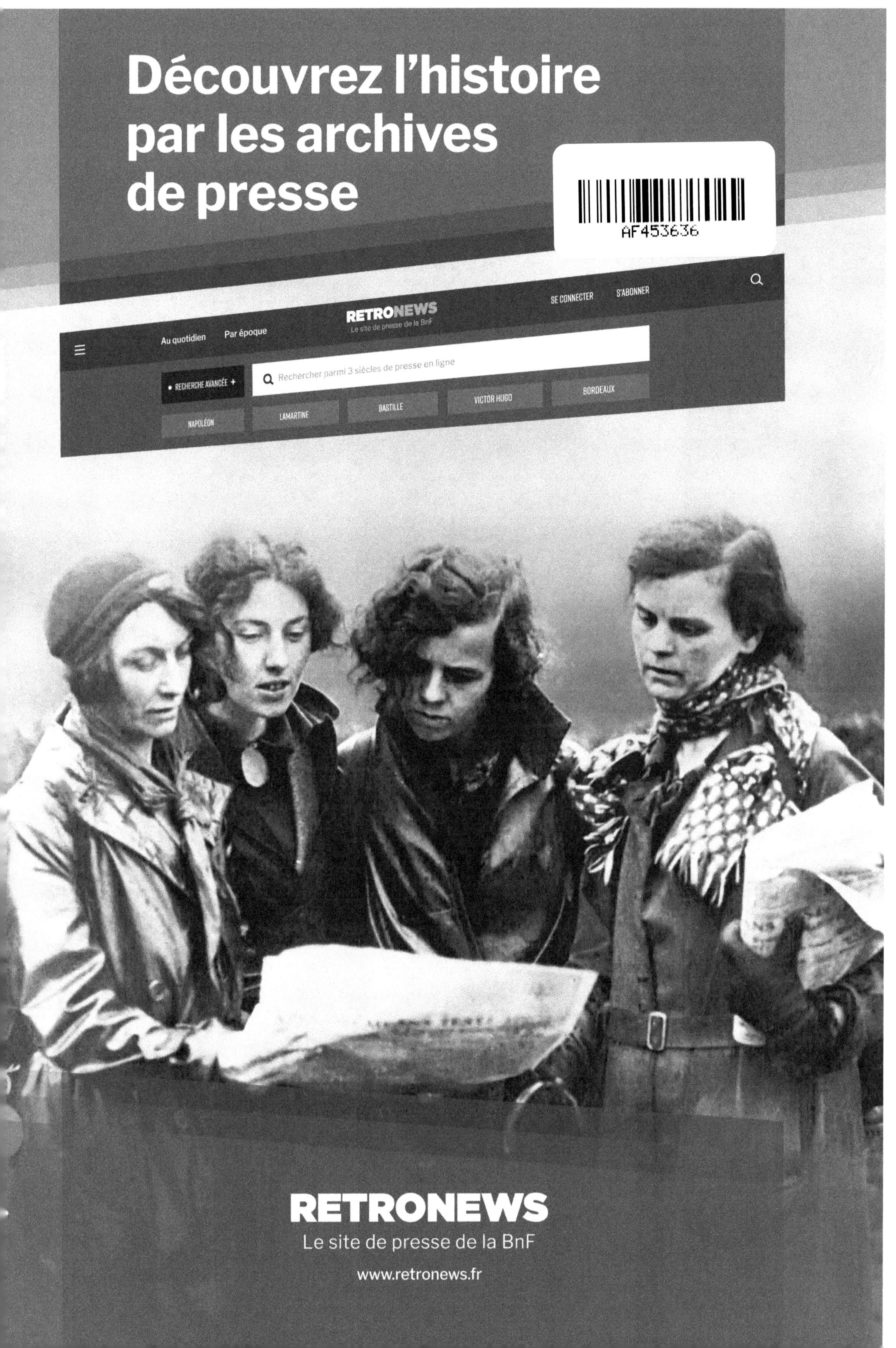

Découvrez l'histoire par les archives de presse

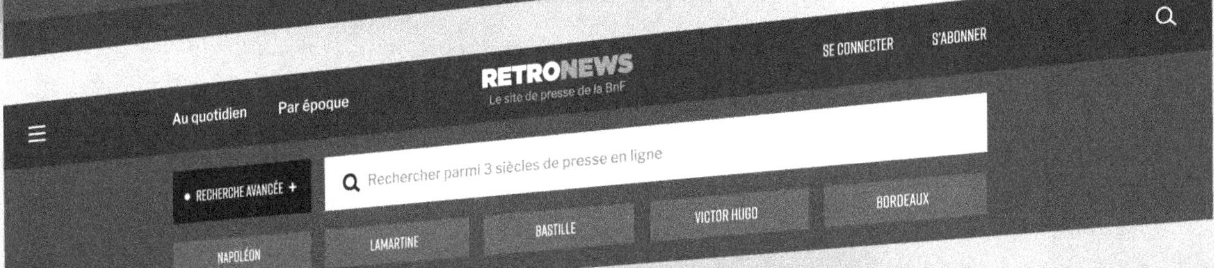

RETRONEWS

Le site de presse de la BnF

www.retronews.fr

SOCIÉTÉ DE BORDA

TABLE des MATIÈRES

contenues dans le Bulletin

des trente-sept premières années

1876-1913

Rédigée par l'Abbé A. DEGERT

Docteur ès lettre, membre de la Société de Borda

- - - Lauréat de l'Académie Française - - -

DAX

IMPRIMERIE-PAPERIE-RELIURE H. LABÈQUE, 11, RUE DES CARMES

1914

PRÉFACE

Les chiffres gras renvoient aux volumes dont l'ordre correspond à celui des années d'existence de la Société, les petits aux pages des volumes, ceux qui sont en italique aux pages des procès-verbaux pour lesquels une pagination spéciale en chiffres romains fut adoptée depuis la cinquième année (1880).

Tout article — de plusieurs le titre a été résumé par raison de clarté — est cité sous le nom de son auteur et sous le nom du lieu auquel il se réfère ; cette dernière mention n'est omise que pour les études de portée générale sans attache locale.

Dans les procès-verbaux on s'est contenté de signaler les objets des communications qui ont donné lieu à plus qu'une simple mention ; dans une discussion où interviennent plusieurs membres on se borne à mentionner la communication sans nom d'auteur. La liste des publications reçues, les dons offerts, les noms des membres admis, ou honorés d'une distinction ont été passés sous silence. On est sûr de les trouver en tête de chaque procès-verbal. La liste des membres également publiée en tête de chaque volume n'a pas été signalée dans ces tables. On n'y a pas relevé davantage les travaux parus dans le *Bulletin* sous pagination spéciale et publiés en tirage à part avec des tables particulières, par exemple l'*Aquitaine Historique et Monumentale* de MM. Dufourcet, Taillebois et G. Camiade, la *Flore des Landes* de M. Lapeyrère.

TABLE DES MATIÈRES
1876-1913

A

Abbadie, Incendie de Divielle, **2,** 211.

— L'Ile des Faisans et la paix des Pyrénées, **3,** 81, 317 ; **4,** 281.

— Procès-verbaux des trois ordres de la Sénéchaussée des Lannes, **5,** 151, 255 ; **6,** 119.

— Tumulus de Lannemezan, **10,** 201.

— Eloge nécrologique de M. Eugène Dufourcet, **25,** 37.

— Le Comte de Chasteigner, **26,** 177.

— Histoire de la Commune de Dax, **22,** 29, 117, 179 ; **23,** 19.

— Les Etablissements de Dax, **25,** 89.

— Programme d'une fête scolaire au Collège de Dax au XVIIIe siècle, **27,** 125.

— Eloge nécrologique de M. E. de Morgan, **29,** 335 ; **30,** 93.

— Eloge nécrologique de M. G. Camiade, **31,** 157.

— Elu Président de la Société de Borda, **25,** 38.

— Félicité pour son *Livre Noir* de Dax, **28,** 31.

— Ses obsèques et son éloge funèbre, **37,** 29.

Abbadie (Antoine d'), Lettre à M. le Président de la Société de Borda et réponse, **11,** 113, 115.

Adour (Bassin de l'), **1,** 63.

— (Un poisson mal connu du bassin de l'), **3,** 157.

— (Eaux de l'), **7,** 155.

— Les anciennes embouchures, **27,** 59.

Agès (Hagetmau), (Groupes tumulaires d'), **10,** 287.

Aire, (Trois évêques inconnus d') **10**, 205 ; (Autels votifs d') **9**, *65*, 153 ; **12**, 157 ; (Le Carillon de Sainte-Quitterie au Mas d') **13**, 87 ; Temple de Mars Lelhunnus, **10**, *67*, 177 ; (Inscriptions trouvées à) **10**, *18*, 313 ; **15**, *36* ; (Monnaies trouvées à) **10**, 66 ; **24**, *73* ; **27**, *22*, 225 ; (Notice sur) **20**, 213 ; (Sculptures du portail de l'Eglise du Mas d') **20**, 81 ; (Restauration de la crypte du Mas d') **9**, *26*.

— (Pouillé du diocèse d') **9**, 21, 97, 201 ; **10**, 131, 229, 255, **11**, 281 ; **12**, *41*.

Aire et Dax, (Offices antiques des diocèses d') **18**, 51. 67 ; (Chapiteaux romans des diocèses d') **14**, 333 ; **16**, 233 ; **18**, 301.

Alaric, (chemin d') **14**, 40

Amou, (maison noble d') **16**, 257 ; **17**, 17, 115, 145.

Ane, (physiologie de l') **18**, *75*.

Angoumé, (villa romaine à) **9**, *41*, 53.

Anne de Bourbon, (tombeau d') **5**, *20*.

Anesance de Toujouse, évêque d'Aire (tombeau d') **12**, *96*, 217.

Antin, (Famille de Saint-Pée d') **10**, *48* ; **14**, *93*.

Apollon et Pégase sculptés à Aire, **14**, 145.

Aquitaine, (légende des martyrs d') **14**, *100*.

Aquitaine Historique et Monumentale (critiques sur l') **17**, *24*.

Aquitains, (origine des) **20**, 181.

Arboucave, **37**, *56*, 249.

Archéologie à l'Exposition Internationale, **14**, 301.

Arengosse, (acte conservé au château d') **17**, 205.

Ariège, (Découvertes préhistoriques en) **4**, 171.

Arthez-Gaston, **14**, 185.

Arudy, (Grotte d') **14**, 165.

Arzac et Thèze, (tumulus d') **10**, 77.

Ascain, (portrait du P. Clément d') **7**, *27*.

Aubé, Vases gallo-romains trouvés à Soorts, **1**, 161.

Auch, (Inscription et autel trouvés à) **6**, 69 ; (Hypogée et inscriptions antiques trouvés à) **6**, *80* ; Sigles figulins trouvés chez les Ausci, **7**, 167.

Audon, **31**, 31.

Ausone, (Patrie d') **9**, *69*.

Augier, Découverte d'anciennes peintures à Commensacq, **19**, *45*, 207.

Aurimont, (monnaies trouvées à), **5**, 97.

Avezac de Moran (R. d'), Science des anciens, **2**, 361.

B

Barbotan, (Eaux de) par Nicolas Chesneau, **23**, *44*, *75*.

Barcus, (Trésor de) **4**, 243.

Barbier, Saint Lizier, évêque de Couserans, **19**, 165.

— Saint Valier, premier évêque de Couserans, **21**, 191.

Barthe de Sandfort, Thérapeutique de Dax, **11**, 303.

Bascons, (Serments des jurats de) **25**, *62* ; Dimaire, **25**, *68* ; (Scolains de) **28**, *60* ; **30**, *53* ; (La paroisse au XVIII⁰ siècle) **30**, 161.

Basques, (Origine des) **13**, *42*, *53*, *62*.

Basque, (Verbe) **22**, *47*.

— (Bibliographie de la langue) **24**, 37.

Batcave, Description d'une villa gallo-romaine, **10**, 209.

— Maison du roi à Orthez, **16**, 51.

— Note pluviométrique et thermométrique, **16**, 63.

— Etablissement des Ursulines à Tartas, **17**, *35* ; **18**, 189.

— Mémoire de M. de Candeloup sur les Landes, de Bayonne à Bordeaux, **19**, *68*, 261.

— *Les questions canoniques* de Compaigne, **24**, 157.

Bayonne, (Histoire de) par M. de Blay de Gaïx, **25**, *25*.

— (et son enceinte), **21**, *67* ; (Statuts des marchands drapiers de) **25**, *55* ; (Entrées et fêtes solennelles) **18**, 127, 213, 259 ; **19**, 85 ; (Plante exotique) **7**, 259.

Béarn, Graveurs, **13**, 189 ; (Les feux de) **23**, *75*, 39 ; L'instruction publique, **30**, 133 ; Passage de reines d'Espagne, **32**, *25*, 47 ; Projet de médaille des Etats, **14**, 73 ; Vins en Hollande, **33**, 47.

Béarnais. (jetons) **14**, 77.

Beaurain, Eglises du Pays de Born au XVIII⁰ siècle, **25**, 169, 188.

— Portail de l'Eglise de Mimizan, **28**, *56*, 281 ; **29**, 1.

— Sur l'instruction publique en Béarn, **30**, 133.

— Passages de reines d'Espagne en Béarn, **32**, *25*, 47.

— Ville et institutions municipales de Pontacq, **33**, *33* ; **34**, 291 ; **35**, 1, 65, 149, 241 ; **36**, 1.

Beaurredon, Essai de philologie landaise, **12**, 21, 65.

— Dialogue sur la viticulture antique, **12**, 199 ; **13**, 25, 57, 157 ; **14**, 89, 267.

— Grammaire des idiomes landais, **18**, 19, 111, 193, 231 ; **19**, 3, 103.

Beaurredon, Les témoins de N.-D. de Buglose, **20**, *35*, 35.

— Le Santou, **20**, 25. 1 ; au XVIIIe siècle, **31**, 59.

— Phonétique du Gascon Landais, **21**, 41 ; **23**, 191 ; **24**, 1, 73, 117, 205.

— Sur l'enseignement primaire dans les Landes au XVIIIe siècle, **29**, 241.

— Paroisse de Bascons au XVIIIe siècle, **30**, 161.

— Les Padouens, signification et étymologie, **32**, *26*, 41.

— La Thérapeutique végétale au XVIIIe siècle, **33**, 41.

— Esquisse sur le Sud-Ouest Landais, **33**, *39*, *46*, 241, 303 ; **34**, *33*, *39*, *41*, 51 ; **35**, *32*, *36*, *41*, 27, 101, 183, 273 ; **36**, 27, 73, 161, 269.

— Variantes dialectales du Gascon Landais, **37**, *37*, 83.

— *Les Disciplines de Clergie* et le Gascon Landais, **37**, *43*, 127.

Behr (de), Tumulus de Jouarbe, **7**, 275.

— Achat de la baronnie de Gamarde et d'Onard, **10**, 55.

— Extrait des registres du Conseil d'Etat, **22**, 21.

Bellocq, (Inscriptions modernes de) **8**, 72.

— (Ruines du château de) **8**, 72.

— Saint-Clamens, (antiquités de), **12**, 187.

— Prébendes, **13**, 145, 149.

Beneharnum, (note sur) **19**, 199.

Beneharnum et Belloc, 17, *97*.

Benoist, Etage oligocène moyen de Gaas, **9**, 53.

— Nummulites tertiaires recueillies en Chalosse, **14**, 9.

Besselère, Eglise de Sarbazan, **12**, 107.

— Le vieux registre de Sarbazan, **12**, 165.

— Vie communale de Roquefort au XVIIIe siècle, **13**, 287 ; **14**, 149, 169.

— Notes sur chapiteaux romans dans les anciens diocèses d'Aire et de Dax, **14**, 333 ; **15**, *56*, 97 ; **16**, 233 ; **18**, 301.

Biarritz, Nummulites, **4**, 59 ; **6**, 27, 229 ; Falaises, **5**, *26*, 65 ; Fossiles des environs, **16**, 79 ; Ophite de, **24**, *69*.

Biarritz-Bayonne, (Congrès de) **36**, *50*, 305,

Blanchet, (J.-A.) Sur l'histoire monétaire de Béarn et Navarre, **11**, 131.

— Jetons de Henri II, roi de Navarre, **11**, 269.

— Projet de médaille des Etats de Béarn en 1775, **14**, 73.

— Graveurs en Béarn, **13**, 189.

Blanchet, (J.-A.) Jetons du duc d'Epernon, **13**, 91.
— *Manuel de Numismatique*, **15**, *79*.
— Monnaie du vicomte de Castelbon, **16**, 43.
— Monnaies gauloises de Pomarez, **18**, 43.
— Robert Mahieu, **37**, *53*.
— Lettre du chevalier de Borda, **13**, 155.
— Clocher de la cathédrale de Dax, **22**, 63.
— Passage de la reine douairière d'Espagne à Dax, **30**, *45*; **31**, 181.
— Lettre de M. Ducamp sur l'hospice de Dax, à Mgr de La Neufville,
    29, *31*, 329.

Blanchet (Dr), Plantes nouvellement découvertes dans les Landes et Basses-
    Pyrénées, **7**, 61; **8**, 209; **9**, 15.
— Plantes exotiques naturalisées à Bayonne, **7**, 259.

Bonnut et Arsague, (Seigneurs de) **17**, 17, 115, 145, (voir Amou).

Borda d'Oro, (J.-Fr. de) Œuvres inédites : Fossiles des environs de Dax,
—   **4**, 25, 81; **5**, 1, 51, 141; **6**, 301.
— (Lettre du chevalier de) **13**, 155.
— (Hommages à) **15**, *31*; **16**, 143.
— (Origine des) **15**, *60*.
— L'homme préhistorique, **29**, 155; **32**, *40*; **33**, 319.

Borda, (Société de) Règlements, **1**, 8, 13; **4**, 157; **5**, *21, 33*; **12**, *95*; **37**, *63*;
    Bibliothèque, **3**, 273; **6**, 22, 1; **10**, *37, 69*; **19**, *22, 39*; Musée,
    5, 249; **6**, 157; Dons de Taillebois et Morgan, **25**, *51*, 85;
    Son Bulletin, **19**, *23*; Projet de Table, **36**, *49, 55*; **37**, *33, 51*;
    Adhésion à l'*Union Historique du Sud-Ouest*, **34**, *35, 37*; Sa
    participation à l'Exposition de Bordeaux, **20**, *22*; Observations
    Météorologiques faites par ses soins (*voir* météorologie observations).

Bordelais, (Armorial du) par P. Meller, **30**, 159.

Born, (Eglises du pays de) au XVIIIe siècle, **25**, 169, 188.

Boucau, (Cétacé échoué à Vieux-) **18**, 25.
— (Vieux-) ou Port d'Albret, **23**, 7, 9.

Boucher (du), Framée Mérovingienne à Uza, **1**, 45.
— Squelette de la grotte du Saumon, **2**, 307.
— Aquenses primitifs, **2**, 273, 423; **3**, 143, 255.
— Récentes découvertes préhistoriques dans les Landes, **3**, 55.
— Découvertes archéologiques à Gouts, **3**, 277, 281.
— Traditions sur le chêne de Quillacq, **4**, 231.
— Catalogue des Stations préhistoriques Landaises, **4**, 307.

Boucher (du), Excursions sur les falaises de Biarritz, **5**, 25.

— Les quartzites taillés des Landes, **6**, 61.

— Vase cinéraire trouvé à Vicq (Landes), **6**, 165.

— Particularités de quelques hâches néolithiques, **7**, 35.

— Age du silex de Sabres, **8**, 39.

Note sur un crâne berber et les races landaises, **8**, 277.

— L'atlas conchyliologique de Grateloup, **9**, 165, 275 ; **10**, 39.

— Excursion géologique à Gaas, **10**, *41*, 127.

— Un ptéropode rare à St-Jean-de-Marsacq, **12**, 147.

— Station quaternaire de Montfort (Landes), **12**, 193.

— Th. Ducourneau, naturaliste, **13**, 185.

— Elu président d'honneur, **14**, *90* ; Son éloge funèbre, **16**, *11*.

Boucher (du) et **Thore**, Station de l'âge du bronze à Dax, **1**, 115.

Bouglon (de), *Les reclus de la Visitation de Toulouse*, **14**, *62*, 227.

Bourretère, Rapport de la commission de météorologie, **2**, 409 ; **26**, 273.

— Observations météorologiques en 1877-1878, **3**, 19 ; en 1878-1879, **4**, 117 ; en 1879, **5**, 31 ; en 1886, **12**, 151.

— Eloge funèbre de M. François Abbadie, **37**, 29.

— Elu Président de la Société de Borda, **37**, *61*.

Braquehaye, Monogramme des Foix-Candale à Doazit, **13**, *40*, *48*, 51.

Brassempouy, Grotte, **5**, *42*, *57* ; Fouilles et excursions, **17**, *89*, *96*, 269 ; Découvertes, **18**, *32* ; **19**, *41*, 153 ; **20**, 15 ; **22**, 51.

Brézets (de), Lettres inédites de Burie, lieutenant-général de Guyenne, **6**, 155.

— Situation des paysans des Landes en 1768, **9**, 41.

Brutails, Travaux exécutés au château de Dax en 1456, **7**, 229.

— Simon de Montfort et les bourgeois de Dax, **8**, 83.

— Eglise abbatiale de Saint-Sever, **25**, 241.

Buglose, (Cloche découverte à) **20**, *29*, *36*, *42* ; (Témoins de N.-D. de) **20**, 35 ; N.-D. de Buglose et N.-D. de Poy, **21**, *27*, *33*, *42*, *68*.

Burie, lieutenant-général de Guyenne, (Lettres inédites de) **6**, 155.

C

Cagnotte, (fragments du cartulaire de) **30**, *62* ; **31**, 49 ; (Légende du château de l'Argile à), **23**, 95.

Caillet, Ordonnance inédite de Charles VIII, **35**, 29, 137.

Camiade, Note sur une urne gallo-romaine, **9**, 217.

— Tumulus des landes de Clermont, **10**, 65.

Camiade, Fouilles de Tastoa, **10**, 73.
— La ville de Dax à la 13ᵉ exposition de Bordeaux, **30**, 135.
— Son éloge funèbre, **31**, 157.

Canal des deux-mers, (Pétition pour le), **19**, 29.

Cantabres et d'Altabizcar, (Chant des) **16**, 301.

Caoutchouc, Plante qui le produit, **16**, 46.

Capbreton, Vases anciens découverts, **24**, 43 ; Une alerte en 1587, **8**, 143 ; Port, **13**, 46 ; Canal de Port-Vendres à, **8**, 115, 159 ; Projet d'observatoire, **19**, 191 ; Observations météorologiques, **20**, 251 ; Pressions barométriques, **21**, 105 ; Brises folles et obsertions météorologiques, **24**, 21.

Capdepin et Belloc, 18, 35, 51, 53.

Capucins établis à Dax, Orthez, St-Sever, Mont-de-Marsan, Grenade, **21**, 213, 216, 218, 220.

Caraman, Lettre de M. de Borda à M. de la Montaigne, **36**, 243.

Casanha, (Sceau de Jean de) **11**, 29.

Cardenau de Borda (de), Son éloge funèbre, **29**, 30.

Castagnède, (Gypse trouvé à) **18**, 59.

Castandet, (Origine de), **12**, 125.

Castelbon, (Monnaie du vicomte de) **16**, 63.

Castelle, (Fragment du cartulaire de St-Jean de la) **23**, 45 ; Fragments du nécrologe, **24**, 48 ; **29**, 249.

Castelsarrazin, (Excursion archéologique à) **8**, 9.

Castets, (Découvertes archéologiques à) **6**, 34, 47.
— à Soustons, (Chemin de) **17**, 96 ; **18**, 277.

Catta, Le Gammarus Berilloni, espèce nouvelle, **3**, 69.

Cauna (de), Sur le repeuplement des forêts, **2**, 197.

Cauterets, (Pic Péguère de) **9**, 301 ; *(Esquisse toponymique de la vallée de)* **33**, 145.

Cazauran, Pouillé du diocèse d'Aire, **9** 21, 97, 201 ; **10**, 131, 229, 255, 277 ; **11**, 1, 231 ; **12**, 41.
— Basilique de Sainte-Quitterie au Mas d'Aire, **11**, 211, 243, 259.
— Antiquités de Belloc-St-Clamens (Gers), **12**, 187.
— Mariage morganatique du duc d'Épernon, **11**, 117 ; **12**, 95 ; **13**, 1.

Cazauran, Anesance de Toujouse et son tombeau, **12**, 217.

— Bains Gallo-Romains de Montréal du Gers, **12**, 249.

— Montaigut, ses coutumes, **13**, 142.

— Arthez-Gaston, **14**, 185.

— Les Feudistes dans les Landes, **15**, *32*, 1.

— Le Comté de Panjas, **17**, 71, 79.

— Offices antiques des diocèses d'Aire et de Dax, **18**, *52*, 51, 67.

Cazères, Etymologie, **16**, 25 ; Histoire, **16**, 187, 199 ; **17**, 35, 137, 193, 249 ; **18**, 1 ; **19**, 53.

Chalosse, Age de la pierre, **23**, 185 ; Nummulites, par E. Benoist, **14**, 9 ; Usages locaux, **25**, *31* ; Sur les vignes, **25**, *43* ; Mœurs d'autrefois, **28**, 33.

Chant des souris, 21, *35*.

Chapitre et chanoines de Dax, *voir* Dax (Chanoines).

Chasteigner, Dax vu le samedi, **1**, 97.

— Sur la conservation des souvenirs gallo-romains de Dax, **1**, 179.

— Poterie trouvée dans les fossés de Dax, **2**, 379.

— Le trésor de Laluque, **3**, 110.

— Cachet de la Société des Pharmaciens de Dax, **5**, 131.

— Fouilles de tumuli à Mimbaste, **5**, 137.

— L'ancien cloître de la cathédrale de Dax, **12**, 89.

— Communications diverses, **15**, *90*.

— Lettres sur les découvertes faites à Dax, **19**, 45.

— Son éloge funèbre, **25**, 30.

— Notice bibliographique, **26**, 177.

Chatelleraut, (Silex trouvés à), **9**, *48*.

Chauton, (de) Cahier des doléances des paroisses de la sénéchaussée de Tartas en 1789, **30**, 241, 285 ; **31**, 1, 73, 165.

— Congrès de l'*Union Historique du Sud-Ouest* à Auch, **35**, 141.

— Son éloge funèbre, **36**, *31*.

Chopinet, Recrutement dans les Landes, **23**, 109, 165.

Ciboure, Erigé en paroisse, **25**, *63* ; **27**, 201.

Claye, (Eloge funèbre du baron de) **28**, *26*.

Clermont et Estibeaux, (Tumuli de) **9**, *86* ; **10**, 65.

Collongue, archiprêtre de Dax. Son éloge funèbre, **28**, *25*.

Oolombe, (Tumulus de Jouarbe trouvé à Ste-) **7**, 275.

Commensacq, (Peintures anciennes découvertes à) **12**, *68* ; **19**, 207.

Compaigne, (Histoire et patrie de) **23**, *80*.
— Les *Questions canoniques*, **24**, 157.

Compostelle et Bordeaux, (Un chemin entre) **12**, *19*.
— (Itinéraire des pélerins de) **14**, *40*, *74*.

Congrès scientifique de Dax, **6**, *82*; **7**, *91*, 81, 129; des Sociétés savantes à la Sorbonne, **28**, 221; **32**, 123; **35**, 315; **36**, 325; de l'*Union Historique du Sud-Ouest*, **37**, *33*.

Convenae, (Prétendues inscriptions des) **9**, 1.

Coquilles nouvelles du terrain tertiaire du Sud-Ouest, **14**, 219.

Coste, Histoire de la Maison de Ranquine, **31**, *40*, 333.
— Histoire des Cathédrales de Dax, **33**, *37*, 1, 61, 153, 257.
— Jacques-François de Borda d'Oro, **33**, 319.
— Sur la correspondance de Saint Vincent de Paul, **35**, *40*, *51*, 147.
— Dossier inédit de lettres adressées à Saint Vincent de Paul, **36**, 105.

Courants telluriques et phénomènes météorologiques, **11**, *31*.

Couselhac (Arn. de), typographe du XVᵉ siècle, originaire du diocèse de Dax, **15**, *90*, *100*.

Couserans (Evêques de), **19**, 165; **21**, 191.

Courses de taureaux en Espagne et en France, **16**, *38*.

Couture, directeur de la *Revue de Gascogne*, (éloge funèbre de) **27**, *29*.

Cravencères, (pierre sculptée trouvée à) **29**, *23*.

Cricq, (Tête antique au château de Saint-) **13**, *76*.
— (Mosaïque de Saint-) **18**, *40*.

Croockes, Sur la nouvelle force découverte par Thore, **13**, 19.

Croyances populaires sur les tumuli, **12**, 99.

Cuzacq, Prix des matières résineuses dans les Landes, **26**, 249; **27**, 1.
— Son éloge funèbre, **28**, *36*.

D

Darricau, Le Marquis de Vignoles, **29**, *55*; **30**, 49.
— France et Labourd, **31**, *97*, 209, 261.
— Garat Dominique-Joseph, ambassadeur extraordinaire de la République Française près la cour de Naples, en 1798, **36**, *96*; **37**, 25, 57.

Daugé, Isidore Salles, **21**, 115.
— Les feux de Béarn en 1549, **23**, 39.

Dauge, Monnaies trouvées à Aire ou aux alentours, **27**, 225.

— Grammaire Gasconne, **30**, *33*, 77, 185.

— Obituaire de St Jean de la Castelle, **29**, 249.

— Notre-Dame de Goudosse, **31**, 125.

— Les feux de la St-Jean à Dax, Mugron, Peyrehorade, **35**, 305.

— Vins de Béarn en Hollande, 1730-1770, **32**, *52*; **33**, 47.

— M. Lanusse et le Chapitre du Saint-Esprit, **35**, *26*, 221.

— Procès-verbal de convocation des Trois Etats de la Sénéchaussée des Lannes à Dax (1649), **37**, 103, 111.

— Le Mariage et la Famille en Gascogne d'après les proverbes et les chansons, **37**, *49*, *55*, 153.

Dax, Topographie de la ville et de l'hôpital, **23**, *71*; Plans et vues, **4**, 274; **5**, 20; **15**, 102; **19**, *39*, *49*; **20**, *30*.

— Préhistorique, **2**, 273, 423; **3**, 143, 255; Fossiles, **4**, 25, 81; **5**, 1, 51, 141; **15**, 102; **6**, 301; Station d'âge de bronze, **1**, 115.

— Enceinte, **22**, *46*, *60*, *65*, *75*; Remparts, **6**, 141; **7**, *80*.

— Château et gouverneurs, **7**, 229; **16**, *49*, *83*; Pont, **19**, *73*; Projets d'Etigny, **19**, *33*.

— Archéologie : Fragment d'autel, **12**, *26*; Autel élevé à Laplume par un dacquois, **6**, *55*; Briques sigillées, **13**, 22; Briques romaines, **8**, *45*; Caves Gallo-Romaines, **18**, *24*; Cimetières Gallo-Romains, **8**, *18*; Inscriptions Gallo-Romaines du Musée de Dax, **6**, *50*, 213; Monnayage de Dax, **4**, 65; Monnaies trouvées à, **13**, *97*; **17**, *37*; **20**, *70*; (de Louis le Débonnaire), **26**, *43*; Mosaïque, **13**, *102*; Monuments antiques ou gallo-romains, **1**, 179; **9**, 78, 89, 91; **12**, *31*; **16**, *18*; Sceau de l'hôpital, **14**, *72*; Objets et inscriptions modernes, **9**, *31*; **12**, *37*; Poteries trouvées dans le lit de l'Adour, **1**, 105, 133; Poteries trouvée dans les anciens fossés, **2**, 379; Sarcophages, **13**, *53*, 317.

— Cathédrale, **13**, 70; Première église, **12**, *59*; Eglises diverses, **4**, *69*; Consécration de la Cathédrale, **26**, *23*; Boiseries, **12**, 1; Anciennes orgues, **23**, *76*; Ornements sacerdotaux, **23**, 71; Cloitre, **12**, *89*; Ancien portail, **9**, 51; **22**, *60*; Clocher, **22**, 63; Histoire, **33**, 1, 61, 153, 257.

— Evêques, Histoire, *voir* Degert, Histoire des Evêques de Dax; Liste ancienne, **4**, 205; Evêque de Dax, nonce d'Urbain V, **26**, *28*; Tombeaux, **9**, *17*; **13**, 95; Notes critiques sur les listes des évêques, **23**, *15*, *51*, *70*, *82*; Odalric fut-il évêque de Dax ? **21**, *42*; Archidiacres, **25**, *11*.

Dax. Chapitre, chanoines et prébendés, **21**. *53* ; Fragments d'histoire, **34**, *23*, 271.

— Annales, **3**, 283 ; **5**, 219 ; **10**, 163 ; État des trois ordres de la sénéchaussée convoqués en 1649, **23**. *11* ; **25**, *52*, *55* ; **37**, 103, 111 ; Météorologique (Relevé), **5**, 40 ; *voir* Météorologie.

— Vicomtes, **4**, 303 ; Lettre du Gouverneur Saint-Esteben, **8**, 273 ; Histoire de la Commune, **22**, 29, 117, 179 ; **23**, 19 ; Municipalité, **2**, 155 ; Organisation municipale, **22**, *28*, *38*, *52* ; Sceau du Sénéchal, **23**, *67* ; État des âmes en 1741, **23**, 67 ; Élections municipales en 1773, **29**, 321 ; Premiers magistrats élus en 1790, **28**. 37.

— Capucins, **21**, 213 ; Clarisses, **24**, *50* ; **28**, 181, 229 ; Pénitents bleus, **21**, *69* ; leur chapelle, **11**, *55* ; Confrérie de St-Pierre de Vic, **20**, 51.

— Enseignement, **26**, *55* ; **27**, *25*, *17* ; L'ancien collège, **28**, 165, 245 ; Une fête littéraire, **26**, *39* ; **27**, 125 ; École de dessin au XVIIIe siècle, **26**, *35*.

— Acte des aubergistes, **19**, 69 ; pharmaciens, **5**, 131.

— Le coutumier **21**, *69* ; Les Établissements, **25**, 89 ; Commentaire sur la Coutume, **26**. *23* ; Usages locaux, Le pique-houn, **20**, *23* ; Les feux de la St-Jean, **35**, 305 ; La toupiade, **1**, 127 ; **25**, *23* ; Cartes à jouer, **27**. 59 ; **37**. 175 ; Modes de sépulture, **4**, 80 ; Syndicat d'intérêts locaux, **19**. *11*.

— Thérapeutique, **11**, 303 ; Hydrologie et climatologie, **11**, 289 ; Eaux thermales (bibliographie), **3**. 219 ; Sources (propriété, valeur, etc.), **1**, 17, **9**, *12*, *17*, *57*, *71* ; Algues, **10**, *95* ; **24**. *13* ; Radioactivité, **30**. 351 ; Analyse de l'eau des Baignots, **8**, *50* ; Fontaine Chaude, **3**, 129 ; **5**, 59, 13 ; **7**, *17* ; Étymologie de « Nèhe », **12**, *18* *59*, *85*, *89*, 153 ; Observations diverses, **17**. *78* ; **19**, *45* ; **22**, *37* ; **27**, *48*.

— Sel gemme, **11**, *31*, 99 ; **12**, 235 ; **19**, *60* ; Son Exploitation au puits Lorrin et aux Salines, **24**, 133, 169 ; **25**. 31.

— Faits divers : Passage d'un ambassadeur turc en 1565, **22**, *59* ; des Bénédictins de Saint-Maur, **13**, *91* ; de reine douairière d'Espagne, **31**, 181 ; Miracle attribué au scapulaire, **12**, 97 ; Inondation de 1770. **36**, 243 ; Excursion de l'*Association française pour l'avancement des Sciences*, **20**, *57*, *62* ; de l'*Association Pyrénéenne*, **16**, *61* ; de la *Société Archéologique du Gers*, **19**, 60 ; de l'*Escole Gaston-Febus*, **24**, 189 ; Concours régional, **6**, *59* ; Congrès scientifique, **6**, *68*, *82* ; **7**, *21*, 81, 12) ; Archéologique, **12**, *91* ; **13**, *79* ; Congrès projeté du Club-Alpin Français, **19**, *31*, *39* ; Exposition, **7**, *28*, 137 ; Exposition à Bordeaux, **20**, 135.

Dax, Le *Livre Noir*, **22**, *27* ; **28**, 205 ; Le manuscrit Cazenave, **27**, *40*.

— (Diocèse de), Constitutions synodales, **22**, *65*, *69*, *81* ; **23**, *26*, *34*, 7, 55, 125, 157 ; Ancien bréviaire, **31**, *23* ; Le Santou, **20**, *25*, 1 ; Fin du schisme d'Occident, **26**, *33*, *38*.

— (Plantes des environs de), **8**, 113 ; **13**, *101*.

Degert, Nom et origine des « Gleyziaous », **16**, 243.

— Premier volume des documents Pontificaux sur la Gascogne, **22**, 59.

— Premier établissement des Capucins dans le diocèse de Dax et d'Aire, **21**, 213.

— Un poète Dacquois (de Sarps), **22**, 1.

— Constitutions synodales de l'ancien diocèse de Dax, **22**, *65*, *69*, *81* ; **23**, *26*, *34*, 7, 55, 125, 157.

— Histoire des Evêques de Dax, **24**, 37 ; Préface, 39 ; Introduction, 43, 89 ; Saint Vincent, 97 ; Gratien, 143 ; Carterius, 145 ; Libérius, 147 ; Nicetius, 148 ; Illidius, 151 ; Revelatus, 152 ; Olthérius, **25**, 2 ; Gombaut, 3 ; Arsius-Raca, 9 ; Raymond le Vieux, 18 ; Raymond le Jeune, 20 ; Macaire, 21 ; Grégoire 24 ; Bernard de Mugron, 29 ; Raymond de Sentes, 53 ; Guillaume de Heugas, 63 ; Arnaud-Guillaume de Sort, 70 ; Guillaume Bertrand, 76 ; Jean de Cauna, 81 ; Fortanier de Mauléon, 84 ; Arnaud de Lescar, 120 ; Gaillard de Salinis, 122 ; Gratien d'Amou, 131 ; Arnaud-Raymond de Tartas, 133 ; Navarre de Miossenx, 135 ; Arnaud de Ville, 143 ; Garsias Arnaud de Caupenne, 222 ; Bernard de Liposse, 235 ; Pierre La Colre, **26**, 7 ; Pierre Itier, 9 ; Bernard d'Albret, 10 ; Jean de Saya, 12 ; Jean de Hanecourt, 19 ; Jean Bauffès, 20 ; Jean Guteriz, 24 ; Pierre Troselli, 35 ; Pierre du Bosc, 44 ; Pierre Ameil de Brénac, 47 ; Garsias-Arnaud de Navailles, 48 ; Pélegrin du Fau, 51 ; Pierre d'Anglade, 53 ; Nicolas Duriche, 57 ; François de Pizzolpassis, 60 ; Bernard de la Planche, 63 ; Arnaud de la Sègue, 68 ; G. Arnaud de Laborde, 71 ; Pierre de Foix, 73 ; Jean de Foix, 77 ; Bertrand de Boyrie, 119 ; Arnaud de Boyrie, 126 ; Pierre de Caupenne, 130 ; Jean de Lamarthonie, 132 ; Gaston de Lamarthonie, 135 ; François de Noailles, 146 ; Gilles de Noailles, 211 ; J.-J. du Sault, 216 ; Philibert du Sault, **27**, 48 ; Jacques Desclaux, 53 ; G. Le Boux, 65 ; Hugues de Bar, 90 ; Philippe de Chaumont, 94 ; Léon de Lalanne, 100 ; J.-M. de Prugue, 104 ; B. d'Abbadie d'Arboucave, 105 ; F. d'Andigné, 141 ; Suarez d'Aulan, 145 ; Lequien de la Neufville, 168 ; Conclusion, **28**, 109.

— L'ancien Collège de Dax, **28**, 165, 245.

Degert, Budget d'un évêque de Dax, **30,** *28* ; **31,** 301 ; **32,** 1.
— Fragments du cartulaire de Cagnotte, **30,** *62* ; **31,** 49.
— Fragments de l'histoire de l'ancien chapitre de Dax, **34,** *23,* 271.
— Documents relatifs à l'abbaye de Saint-Sever, **37,** *25,* 1.

Degert et Samaran, Lettres royales pour l'abbaye de Sorde, **33,** *30,* 133.

Delannoy (Mgr), Programmes de conférences d'histoire locale, **12,** 13.

Denis (Théodore), Éloge funèbre de, **33,** *39.*

Départ, Procès-verbaux des trois ordres de la Sénéchaussée de Tartas, **6,** 259 ; **7,** 1,
— Les Sauvetats de Guyenne, **6,** 309.
— Notice sur Mimizan, **8,** 45, 89, 213 ; **9,** 185 ; **10,** 85 ; **11,** 187, 265.
— Acte capitulaire des aubergistes de Dax, **19,** 169.
— Commanderies dans les Landes, **19,** *23,* 129, 175, 275.
— Statuts de Maremne, **22,** 201.
Son éloge funèbre, **33,** *29.*

De Sarps, Poète dacquois, **22,** 1.

Dichas, Marnes coquillifères de Saint-Lon, **14,** *65,* 237.
— Cochyle du maïs, **18.** 13.
— Rhizoctone des légumineuses, **19,** *35,* 23.
— Lettre de l'abbé de la Ville, **21,** *65,* 225.
— Une famille de Sainte-Marie-de-Gosse, **22,** 205.
— La légende du château d'Argile, **23,** 95.
— Un instituteur pendant la Révolution, **28,** *47,* 153.

Divielle (Fondation de), **25,** *55* ; (Incendie de), **2,** 211 ; (Valeur de la Charte), **23,** *64.*

Doazit (Monogrammes du château de), **11,** *11,* 289 ; **13,** 51 ; (Château de Candale à), **12,** 47 ; (Laborde Péboué de), **21,** 1.

Dogdson, Bibliographie de la langue Basque, **24,** 57.

Dollfus, Coquilles tertiaires du Sud-Ouest, **12,** 243 ; **14,** *79.*
— Coquilles nouvelles tertiaires, **14,** 219.

Donzacq, (Bijoux vandales), **6,** 105 ; (Monnaies romaines), **7,** 39.

Dreuh (le), Plante africaine acclimatée en Béarn, **19,** *50.*

Dubalen, Pour la flore des Landes, **1,** 131.
— Un poisson mal connu du bassin de l'Adour, **3,** 157.
— Plantes rares des Landes, **5,** 195 ; **17,** 113.
— Champignons des Landes, **15,** *26,* 37.

Dubalen, Oiseaux observés dans les Landes, Gers, Gironde, etc., **15**, 169 ;
17, 173.

— Grottes de Brassempouy, **18**, 35,

— Ancienneté de l'homme dans les Landes, **18**, 89.

— Un micromammifère nouveau dans les Landes, **19**, 173.

— Truffe peu connue des Landes, **19**, 205.

— La grotte de Rivière, **36**, *39*, 137.

— Aperçu géologique sur le régime des sables des Landes, **36**, *39*, 158.

— Tertres tumuliformes de Lacajunte, Arboucave et communes voisines, **37**, *56*, 249.

Du Camp (Pierre), seigneur d'Orgas, poète, **30**, *24*.

Ducéré, Entrées solennelles et fêtes publiques à Bayonne, **18**, 127, 213 ;
19, 85,

Ducournau (P.-Th.), naturaliste, **13**, 185.

Dudon, Sculptures du portail de l'église du Mas d'Aire, **20**, 81.

Dufourcet, Station troglodytique des Spélugues de Lourdes, **1**, 79.

— Monuments mégalithiques subpyrénéens, **1**, 167.

— Sur le Marensin, **2**, 345.

— Histoire sommaire de la municipalité dacquoise, **2**, 455.

— Expériences de téléphone, **3**, 111 ; **4**, 92, 337 ; **6**, 41, 205 ;
14, 319,

— Annales dacquoises (Manuscrit de Thore), **3**, 283 ; **5**, 219 ; **10**, 163.

— Notes météorologiques de Thore, **5**, 39.

— Château de Dax et ses gouverneurs, **5**, *40*.

— Papier et électricité, **6**, 171.

— Travaux du Congrès scientifique, **7**, 81.

— Excursions archéologiques à Castelsarrasin, **8**, 9.

— Fouilles sous le porche de la Cathédrale, **4**, 187.

— Liste des évêques de Dax, **4**, 205.

— Catalogue des vicomtes de Dax, **4**, 303.

— Histoire de Gascogne d'après Thore, **5**, 197.

— Œyreluy, sa porte romane, **6**, 175 ; **7**, 29.

— Boiseries de la Cathédrale de Dax, **12**, 1.

— Phénomènes sismiques et courants telluriques, **12**, 55.

— La première église de Dax, **12**, 59.

— Découvertes archéologiques à Dax, **13**, 317.

— Bastides landaises, **14**, *70*, 169.

— Absides romanes des Landes, **14**, 1.

— Observations météorologiques 1889-1890, **15**, 115.

Dufourcet, Éloge funèbre de M. du Boucher, **16**, *11*.

— La vigne en Chalosse et en Marensin, **16**, 313.

— Dax au XVIIᵉ siècle d'après G. Martin, **18**, *45*.

— Variations de la Fontaine Chaude, **19**, *28*, *10*, 43.

— Formation du sol du département des Landes, **22**, 99, 161; **23**, 1.

— Bibliographie : Économie rurale dans l'antiquité, par l'abbé Beaurredon, **23**, 89.

— Bibliographie : *Les populations primitives*, d'après les textes du général Pothier, **23**, 93.

— Monographie de Grenade-sur-l'Adour, **24**, 111.

— Mort, **25**, *33*; Éloge funèbre, **25**, 37.

Dufourcet et Testut, Tumulus de la région sous-pyrénéenne, **9**, 291.

— Tumulus d'Agès (Hagetmau), **10**, 287.

— Tertres d'Estibeaux, **10**, 307.

Dugros (Maison), à Saint-Vincent-de-Xaintes, **17**, *30*, *33*. .

Duhort (Antiquités de), **8**, *86*.

Dumes et Horsarrieu (Tombeaux curieux de), **30**, *33*.

Dupont, Sur Notre-Dame de la Merci dans les Landes, **31**, 185.

Dupuy, Projet d'un observatoire à Capbreton, **19**, *56*, 191.

— Observatoire météorologique à Capbreton, **20**, 251.

— Pressions barométriques à Capbreton, **21**, 105.

— Brises folles du golfe de Gascogne, **24**, 21.

Du Sault (sur J.-J.', évêque de Dax, **21**, *68*.

Duverger, Monnaie d'Euphémie femme d'Anthémius, **8**, 35.

— Acte notarié du XIVᵉ siècle au château d'Arengosse, **17**, 205.

— Sur les monnaies de Pomarez et les Tarbelli, **18**, *33*, 49.

— Son éloge funèbre, **25**, *60*.

Duvoisin (Le Capitaine) et ses travaux, **17**, 211, 223.

E

Eauze (Inscription d'), **10**, 19.

En et Na (Signification des préfixes), **11**, *47*.

Enquête sociale sur le « pays », **31**, 65.

Epernon (Mariage morganatique du duc d'), **11**, 117 ; **12**, 95 ; **13**, 1.

— (Jetons du duc d') **13**, 91.

Escalus (Sur le refoulement des eaux à), **31**, *18*.

Espagne (Monnaies modernes d'), **21**, *49*.

Esprit (Lanusse et le chapitre du Saint-), **35**, *26*, 221.

Estibeaux (Tertres d'), **10**, 307 ; (tumulus), **13**, *86* ; **16**, *4*.
    — (Dolmen à) **15**, *111*.

Expériences téléphoniques, 9, *77* ; **21**. *18* ; **23**, *87* ; **30**, *51*.

F

Ferron, La méningite cérébro-spinale en Gascogne, **34**, 33, 99, 185.

Feudistes dans les Landes, **15**, 1.

Foix (Pierre de), évêque d'Aire, **9**, 135.

Foix de Candale, évêque d'Aire (Lettre à François de), **8**, 275.

Foix, Les Lanne, seigneurs de Montolieu, **17**, *57*.
    — Vrai chemin du littoral entre Castets et Soustons, **18**, 277.
    — Procès entre les habitants et le vicomte d'Orthe, **19**, 213, 229.
    — Ancienne confrérie de Saint-Pierre de Vic-lès-Dax, **20**, 51.
    — Hôpital de Mugron, **20**, 143.
    — Hôpitaux de Poymartet et de Fosse-Guibaud, **20**, 197.
    — Pélerinage de N.-D. de Grâce au Casalieu (Mugron), **24**, 105.
    — Où est né Lahire ? **27**, *69*.
    — Lahire est né à Préchacq, **32**, *35*, 105.
    — Les Clarisses de Dax, **28**, 181, 229.
    — La Cour dels Sers, **33**, 203.
    — La Coutume de Tartas, **36**, 201, 253 ; **37**, *55*, 233.
    — Robert Mahieu, marchand cartier de Dax, **37**, *11*, 175.

Folin (de), Pour les musées cantonaux, **3**, 49.
    — Un crustacé nouveau, **3**, 65.
    — Faune lacustre d'Ossegor, **4**, *37*.
    — Mollusques fluvio-lacustres, **4**, 131.
    — Anomalies malacologiques d'Ossegor, **4**, 237, 319.

Folin (de) et **Bérillon**, Pour la faune malacologique du Sud-Ouest, **2**, 199, *439*.

François-Xavier (Patrie et famille de Saint), **19**, 68 ; **20**, *42*.

Frossard, Pic Péguère de Cauterets, **9**, 301.
    — Minéraux de Bastennes, **10**, 315.
    — Succin de Saint-Lon, **10**, 311.
    — Son éloge funèbre, **6**, *27*.

G

Gaas, (Fossiles de) **6**, *49*; (Géologie de), **9**, 53.

Gabarra, La Fronde à Pontonx, **2**, 340.
— Une alerte à Capbreton en 1587, **8**, 143.
— François de Noailles, évêque de Dax, **13**, 209, 253.

Gamarde, Silex trouvés, **7**, *41*; Découverte de fresques, **8**, *65*; de ruines anciennes, **11**, *61*; d'inscription moderne, **8**, *65*; Baronnie acquise, **10**, 55.

Garat (Dominique-Joseph), ambassadeur extraordinaire de la République. Française près la cour de Naples, en 1798, **36**, *26*; **37**, 25, 57.

Gardère, Seigneurs de Bonnut et Arsague, maison d'Amou, **16**, 257; **17**, 17, 115, 145.

Gardères et Bacqué, Le baron de Lahontan, **15**, *31*, *59*, 147.

Garein (Peintures murales à), **15**, *91*.

Garlin (Tumuli de), **8**, 269.

Garluche (Note sur la), **8**, 207.

Garrigou, La Nèhe (Fontaine Chaude), **7**, 47.

Gascogne, (Mouvement des côtes de) **29**, 33; (Faune du golfe de) **23**, 89; Langue, **13**, *31*, 81; Histoire, **5**, 197; *Archives historiques*, **8**, *94*; Géographie, **22**, *60*; Serment du Sénéchal, **28**, *31*; Dans les documents pontificaux, **22**, 59; Fédération de Sociétés savantes, **30**, *11*; **31**, *30*; Gascogne Pyrénéenne, **22**, *52*; Méningite cérébro-spinale, **32**, *15*; **34**, 33, 99, 185.

Gascon landais, (Projet et vœu de glossaire), **29**, *19*; **33**, 43.
— (*Disciplines de Clergie* et le) **37**, *43*, 127.

Gasconnes (Valeur des monnaies), **13**, *47*, 1.

Gassies, Mollusques terrestres du Lot-et-Garonne, **3**, 33.
— Mollusques fluvio-lacustres, **4**, 127.
— Disparition de certains mollusques terrestres dans la Guyenne, **5**, 87.

Gastou-Febus (*Escole*), Programme de concours, **25**, 109,

Gautier, Les Champignons des Landes, **34**, 153, 249, 339; **36**, 59.

Gemmeurs ou **Gemmiers**, **36**, *39*.

Gert (Étymologie de), **9**, *87*.

Gervais (Chanteurs de Saint-), **28**, 50.

Girons (Histoire de Saint-), **14**, 307 ; **15**, 53, 75, 155 ; Crypte **13**, 99 ; **28**, 26 ; Statue **13**, 97 ; Découvertes **14**, *54* ; Bail emphythéotique, **20**, *57*.

— du Marensin, Croix ancienne, **5**, *39* ; Sauveté, **27**, *17*.

Gondrin (Monnaies trouvées à), **11**, 67.

Gourbera, (Arrêt du Conseil d'Etat sur les hôpitaux de Poymartet et Fosse-Guibaud à), **20**, 62.

Gourdan, (Station solutréenne à), **19**, 143.

Gouts (Découvertes archéologiques à), **3**, 277, 281 ; **5**, *65*.

Graines qui marchent, 18, *75* ; **19**, *23*. *11* ; **20**, *30*.

Grateloup (Atlas conchyliologique de), **9**, 165, 275 ; **10**, *39*.

Grenade-sur-l'Adour (Monographie), **24**, 111 ; Fors et coutumes, **20**, 151.

Grolous, Sur le poème anglo-saxon de Béowulf, **3**, 123.

— Expériences sur la quinine, **3**, 227.

— Action physiologique de divers alcaloïdes, **6**, 191.

Guyenne, Sauvetats, **6**, 309. 312 ; Justice au Moyen-Age, **17**, *67*.

Gwyn Jeffreys Histoire du club agricole de Hertfordshire, **5**, 73.

H

Hagetmau (Camp de), **10**, *85*.

Haristoy, Chants des Cantabres d'Altabizcar, **16**, 301.

— Le Capitaine Duvoisin et ses travaux, **17**, 211, 223.

— Physiologie de l'âne du capitaine Duvoisin, **20**, 21.

— Fondation de la paroisse de Ciboure, **25**, *63* ; **27**, 201.

Hastingues, 14, *63* ; Chartes de l'abbaye, **15**, *81* ; Bois communaux, **27**, *30*.

Heugas, (Découvertes préhistoriques), **5**, *32* ; **22**, *23*.

Hossegor (ou Ossegor), Faune. **4**, 37 ; Malacologie, **4**, 237, 319 ; Etang, **17**, *30*.

Hugues, Son invention, **24**, *70*.

I

Ibères et Basques, 29, 133, 177, 265 ; **30**, 1.

Inscriptions relatives à une légion romaine, **9**, *85*.

Isturitz (Engrais trouvés à), **20**, *61* ; Grotte, **24**, *24*,

J

Jacquart, L'Adour et son bassin, **16**, 215,
— Le département des Landes, **17**, 1.
— Le sel chez les anciens, **17**, 233.
— Céraunies ou pierres de tonnerre, **19**, *31*, 157.
— Pavements et mosaïques chez les anciens, **21**, 29.
— Le Miroir chez les anciens, **21**, 203.

Jean-de-Luz (Sceau de Saint-), **14**, *59*.

Jean-de-Marsac (Ptéropode à Saint-), **12**, 147.

Joseph, l'ami de Richelieu, (Portrait du P.) et du P. Clément d'Ascain, **7**, *27*.

Josse, (Fresques trouvées à) **19**, *60*.

Jours (Saint-), L'Adour et ses embouchures, **28**, 1, 53.
— Etangs et dunes du bassin de Soustons, **29**, 45.
— Dunes et étangs, **32**, 89.

Juliac (Histoire de la Vicomté de), **20**, *53*.

Juncarot (de), Le camp de La Motte à Samadet, **25**, 149.

L

Labastide-d'Armagnac (Seigneur de), **18**, *30*.

Labenne et Bénesse, (Procès-verbal de délimitation), **36**, *35*.

Labouheyre, **27**, *25*, *29*; Découvertes archéologiques, **24**, *32*.

Labourd, **31**, *27*, 209, 261.

Lacroix (Fouilles du P. de), **7**, *83*.

Lacquy (Sarcophages découverts à), **24**, *13*.

Lahargou, Saint Orient, **26**, *47*, *54*, 89, 153, 225.
— La vie en Chalosse, il y a cent ans, **28**, *27*, 33.
— Le *Livre Noir* de Dax, **28**, 205.

Laharpe, Nummulites de Biarritz, **4**, 59; **6**, 27, 229.
— Falaises de Biarritz, **5**, *26*, 65.

Lahas (Gers) (Trésor de), **13**, *94*, 273.

Lahire (Patrie de), **27**, 69; **32**, *35*, 105.

Lahontan (Baron de), **15**, 147; Croix de procession, **13**, *23*, *26*, *37*.

Lalauze, Canal de Port-Vendres à Capbreton, **8,** 115, 159.

Laluque (Trésor trouvé à), **3,** 110.

Lamarque (Comte), Son décès, **15,** *115* ; son médailler, **29,** *49*.

Landes, Le département, **17.** 1 ; Formation du sol, **22,** 99 ; **23,** 1 ; Régime
géologique du sable, **7,** 189 ; **11,** 38 ; **36,** 141 ; Silex tertiaires,
7, 185 ; Terrains quaternaires, **15,** *62*, 67 ; Quartzites, **6,** *51*, 61 ;
Gisements d'aragonites, **1,** 151 ; Fixation des dunes, **22,** *52* ;
Dunes et étangs, **32,** 89.

— Préhistoire, **3,** 55 ; Stations préhistoriques, **4,** 307 ; Antiquité de
l'homme, **18,** 89 ; Haches néolithiques, **11,** *36*.

— Programme d'hitoire locale, **12.** 13 ; Noms de lieux, **8,** 249 ; **10,** 111 ;
Absides romanes, **14,** 1 ; Colonie grecque (?) **17,** 45 ; Marques
de potiers, **13,** 327 ; Commanderies, **19,** 129, 175, 275 ; Le
Culte de N.-D. de la Merci, **31.** 185 : Voyage de A. de Thou, **4,**
21 ; Mémoire de Candeloup, **19,** *68*, 267 ; Mémoires de Saintorens
sur les défrichements, **22,** *24* ; Description par René Bazin, **19,** *48* ;
Les races, **8,** 277 ; Impositions extraordinaires sur paroisses en
1644, **33,** 44 ; État en 1768, **9,** 41 ; L'enseignement primaire
au XVIIIᵉ siècle, **27,** 125 ; Jury d'accusation en l'an X, **36,** 49.

— Usages locaux, **24,** *37*, *53* ; Vêtements et ustensiles anciens, **4,** 173 ;
Origine de l'industrie résinière, **9,** *29* ; Prix des matières résineuses,
26, 249 ; **27,** 1 ; Société de travail, **19,** *58* ; Moyens contre les
incendies, **20,** *47* ; Recrutement et conscription, **23,** 109, 165.

— Flore, **1,** 131 ; **5,** 237 ; **6,** 3, 245, 317 ; **7,** 71 ; **21,** *27* ; Plantes
rares ou curieuses, **5,** 195 ; **7,** 61 ; **9,** 15 ; **17,** 113 ; Champignons,
15, 37 ; **17,** *90* ; **19,** 205 ; **34,** 153, 249, 339 ; **36,** 59 ;
Oiseaux observés, **15,** 169 ; **17,** 173.

Landais émule de Gutenberg (Un), **26,** *43*.

Landais, Grammaire des idiomes, **18,** 19, 111, 193, 231 ; Vœu de diction-
naire, **30,** *66* ; Phonétique du Gascon, **23,** 191 ; Sur le patois
26, 47 ; Variantes dans les dialectes, **37,** *37*, 83 ; Trois cartes du
pays, **20,** *22*.

Landais (Le Sud-Ouest) au XVIIIᵉ siècle, **33,** *39*, *46*, 241, 303 ; **34,** *33*,
39, *41*, *51*, 121, 219 ; **35,** *32*, *36*, *40*, 27, 101, 183, 273 ; **36,**
27, 73, 161, 269.

Landry, Etude chimique de l'eau de la Fontaine-Chaude, à Dax, **3,** 129.

Landry et Behr, Flore des Landes, **5,** 273 ; **6,** 3, 245, 317 ; **7,** 71.

La Neufville (Lettre de M. Ducamp à Mgr de), **29**, *31*, 329.

Lanne (Famille de), **17**, *57*

Lannemezan (Tumulus à), **10**, 201.

Lannes (Procès-verbaux des trois ordres de la sénéchaussée des), **5**, 151, 255 ;
        6, 119 ; **37**, 103, 111.

Lannes (Les rois des), au XVIe et XVIIe siècles, **19**, *49*, *75*.

Lapeyrère, Note sur la Garluche, **8**, 207.
      —   Action de la gelée sur les plantes, **25**, *63* ; **26**.81.
      —   Emploi du microscope pour mesurer les indices de réfraction,
        26, 277.

Laplanche (Lettre de Jean de), **8**, 211.

Laporterie (de), Vieilles coutumes de Chalosse, **12**, 135.
      —   Menhir de Peyrelongue (Ste-Colombe), **13**, 23.
      —   Age de pierre à Montsoué, **13**, 142.
      —   Tumulus du Château Charles à Estibeaux, **16**, 41.
      —   Découvertes gallo-romaines à Saint-Sever, **16**, 253.
      —   Sur les ivoires sculptés de la grotte de Brassempouy,
        19, *41*, 153.
      —   Couche éburnéenne de Brassempouy, **20**, 15.
      —   Mosaïques et tâcherons de l'abbaye de St-Sever, **25**, 105.

Lartigue, De la féverole au point de vue agricole, **5**, 177.

Lartigau, Note sur Beneharnum, **19**, 199.

Lataulade (de), Mouvement de la population en France de 1872 à 1875, **3**, 41.

Larauza, Observations météorologiques à la Société de Borda, **20**, 229.
      —   Son éloge funèbre, **30**, *70*.

La Romieu (Hache de pierre trouvée à), **8**, *18*.

Lasserre (J.-E.), Les élections municipales à Dax en 1773, **29**, 321.

Laujuzan (Trésor de), **7**, 223.

Lauraët, 13, *35*.

Laurède, (Haches néolithiques trouvées à) **7**, 35.

Laurens, Bellocq en 1520, **13**, 145.
      —   Prébende du Faur à Belloc, **13**, 149.
      —   Sauveterre et Salies, **15**, 105.
      —   Généalogie de Philippe de Béarn, Seigneur de Sendos, **19**, 285.

Lavalette, duc d'Epernon, (mariage morganatique), **11**, 117 ; **12**, 95 ; **13**, 1.

Lavergne, Sur les Sauvetats de Guyenne, **6**, 309, 312.

Lavielle, Essai sur les erreurs populaires en médecine, **5**, 241 ; **6**, 79.
   — Ethnographie landaise, **9**, 35 ; **20**, 95, 115.
   — Hydrologie et climatologie dacquoises, **11**, 289.

Lavigne (Inventions de M.), **7**, *51*.

Légé, Lettre d'un gouverneur de Dax, **8**, 273.
   — Lettre à l'évêque d'Aire Fr. de Foix-Candale, **8**, 274.

Lelhunnus (Mars), Inscriptions, **10**, *67*, 177 ; Temple, **10**, 177 ; Nom et étymologie, **11**, *29, 51* ; **14**, *25* ; Etude, **13**, *73, 96*.

Léon, Travaux d'endiguement, **31**, *59*.
Léon-Dufour, Généalogie de Laborde-Péboué, **21**, 1.
   — Le Comte Lamarque, **21**, 59, 145.
   — Son éloge funèbre, **34**, *32*.

Letailleur, Age de pierre en Chalosse, **23**, 185.

Lescar (Fouilles de), **11**, *80* ; **12**, *27* ; Le Bréviaire de 1541, **18**, *74*.

Leuy (Trésor du), **3**, 307 ; **4**, 53.

Lier (Saint-Jean-de-', Grotte du Saumon, **2**, 307.

Lit-et-Mixe (Découvertes et inscriptions à), **21**, *39* ; **24**, *44*.

Lon (Succin à Saint-), **10**, 311 ; Marnes coquillières, **14**, 237.

Lot-et-Garonne, (Mollusques du) **3**, 33

Loubouer (Saint-), Antiquités, **8**, 86 ; Sceau de l'abbé, **14**, *57*.

Lourdes (Spélugues de), **1**, 79.

M

Magescq (La baronnie de), **3**, 73, 237 ; **4**, 175 ; **7**, 207 ; **8**, 57, 107, 231.

Mahieu (Robert), marchand cartier de Dax, **37**, *44, 53*, 175.

Manaud (Vidal), typographe originaire de Dax en 1444, **15**, *90, 100*.

Marcassus, grammairien de Dax, **19**, 73.

Marcellus (Lettre inédite de), **22**, 80.

Maremne (Statuts de la vicomté de) **7**, 279 ; **22**, 201 ; leur date et authenticité, **24**, 44 ; dispositions diverses, **36**, *21*.

Marensin (Voies romaines), **8**, *28* ; Baronnie, **33**, 50.

Marie-de-Gosse (Une famille de Sainte-), **22**, 205 ; Un instituteur pendant la Révolution, **28**, *47*, 153.

Marsan au XVIIIe siècle (vie communale en), **13**, 287 ; **14**, 149, 169 ; Bastides,
      14, 169.

Martres, Silex tertiaires des Landes, **7**, 185.
— Monuments épigraphiques d'Aire, **10**, 313.
— Le sable des Landes, **11**, 31.
— Droits de bris et sauveté, **11**, 275.
— Origines de Castandet et Rondebœuf, **12**, 125.
— Fouilles à Serres-Gaston, **14**, *30*.
— Quaternaire des Landes, **15**, 67.
— Prévisions du temps, **17**, 133.

Mascaraux et de Laporterie, Grotte de l'âge du renne à Arudy, **14**, *78*, 165.
— Station humaine et silex à Montaut, **15**, 225.

Maslac (Faïencerie de), **22**, *60*.

Mauléon (Plat de faïence de), **14**, 87.

Maurice (Monnaies trouvées à Saint-), **19**, 41.

Meillon, *Esquisse toponymique de la vallée de Cauterets*, **33**, 145.

Mengelatte, Sore, **15**, *38*, *48*, *68*, 135, 177, 189 ; **16**, 15 ; **17**, 47.

Météorologie et observations météorologique de la Société de Borda, **2**, 409 ;
    3, 193 ; **4**, 117 ; **5**, 31, 39 ; **12**, 151 ; **13**, *93* ; **15**, 116 ; **20**,
    57, 111, 193, 229, 263 ; **21**, 55, 140, 199, 227 ; **22**, 25, 95,
    157, 217 ; **23**, 35, 99, 155, 205 ; **24**, 53, 113, 165, 225 ;
    25, 49, 113, 185, 273 ; **26**, 37, 113, 185, 281 ; **28**, 225,
    305 ; **29**, 69, 173, 261, 337 ; **30**, 73, 281, 359 ; **31**, 67,
    161, 255, 351 ; **32**, 61, 101, 139, 153 ; **33**, 57, 147, 253,
    337 ; **34**, 69, 163, 267, 351 ; **35**, 62 ; **36**, 69, 158, 249, 345.

Météorologie dans la région souspyrénéenne, **15**, 217.

Meyrac, Mariage royal à Saint-Jean-de-Luz, **1**, 128.

Meyranx, Saint Girons, son culte, **14**, *99*, 307 ; **15**, *25*, 53, 75, 155.
— Histoire de Cazères, **16**, 187, 199, 287 ; **17**, 35, 137, 193, 249 ;
    18, 1 ; **19**, 53.
— Fors et coutumes de Grenade, **20**, *62*, 151.

Mézos (Marnes de), **17**, *42*.

Mica (Sur le), **9**, *14*,

Mimbaste, Fouilles de tumulus, **5**, 137 ; **8**, 42 ; Plaque de foyer, **18**, *21*.

Mimizan, (Notice historique), **8**, 45, 89, 213 ; **9**, 185 ; **10**, 85 ; **11**, 187, 265 ;
    Découvertes géologiques, **9**, *34* ; Jetons trouvés, **24**, *74* ; Portail
    de l'Église, **28**, *56*, 281 ; **29**, 1.

Miramont-Sensac (Tumulus à), 5, *19*.

Mollusques de Guyenne, 5, 87.

Monluc (Les) à Lauraët, 13, *34*.

Monnaies romaines ou autres, **2**, 391 ; **3**, 159, 311 ; **8**, 35 ; **10**, *30* ; **15**, *22*,
30, *17*, *56*, 86.

Montaigne et le Béarn, **15**, *101*.

Montaut, Station humaine, **15**, 225.

Montaut (abbé), Valeur de la baquette, **13**, 11.

Montfort et les bourgeois de Dax (Simon de), **8**, 83.

Montfort-en-Chalosse, Station quaternaire, **12**, 193.

Mont-de-Marsan, Vue cavalière, **21**, *37* ; Épidémie en 1808-1809, **22**, *24* ;
La cour dels Sers, **31**, *34* ; **33**, 203.

Montréal du Gers (Bains gallo-romains à), **12**, 249.

Montsoué (L'âge de pierre à), **13**, 142.

Mora, Greffes végétales et animales, **1**, 71.
— Hyménoptères dangereux, **2**, 321.
— Hygiène souterraine des villes, **10**, *245*.

Morganx (Découvertes archéologiques à), **24**, *57*.

Morgan (E. de) Collection de coquilles fossiles offertes au musée de Borda,
25, 85.
— Les collections d'H. du Boucher, **32**, *33*.
— Son éloge funèbre, **29**, 335 ; **30**, *23*.

Morgan (J. de), Fouilles en Égypte, **29**, *53*.

Mugron, Hôpital, **20**, 145 ; Pèlerinage de Casalieu. **21**, *57* ; **24**, 105 ; Port,
34, *27* ; Feux de St-Jean, **35**, 305.

N

Navailles (Garsias-Arnaud de), évêque de Dax, **7**, *70*.

Nehaleniæ deae (Inscription), **14**, *20*.

Neris (Algues de), **9**, 143.

Noailles (François de), évêque de Dax, **13**, 209, 253 ; **26**, *146*.

Nodon, Sur la radioactivité des eaux thermales de Dax, **30**, 351 ; **32**, 145 ;
33, *23*.
— Recherches sur la charge terrestre, **33**, *29*, 129, 251.

Nodon, Propulsion aérienne au moyen d'ailes mécaniques, **33**, *51*, 315.

— Phénomènes solaires et physique terrestre, **33**, *46*, 231.

— Dégradation de l'énergie, **34**, *18*.

— L'activité solaire et la charge électrique terrestre, **34**, *42*, 163.

— Les tremblements de terre et leurs causes, **34**, *27*, 65.

— Physique du globe terrestre, cyclones et tempêtes, **34**, *23*, 323.

— Action électrique du soleil, **34**, *36*, 40 ; **35**, *49*.

— Rôle de l'électricité en météorologie, **35**, *39*.

— Recherches sur les variations de l'intensité du magnétisme terrestre, **35**, *50*.

— Perturbations solaires et terrestres, **35**, 61.

— Recherches sur l'ionisation de la source d'eau chaude d'Hamau-Salahin, **35**, *32*, 135.

— L'action solaire et la prévision du temps, **36**, 235.

— La gravitation, **36**, *31*, 125.

— État actuel de nos connaissances sur la prévision du temps, **37**, *38*, 89.

Novempopulanie (Numismatique de la), **9**, 227 ; **14**, 117.

O

Œyreluy, Porte romane, **6**, 175 ; **7**, 29.

Olce (Baron d'), Lettre inédite du vicomte d'Orthe, 1569, **4**, 71.

— La Baronnie de Magescq, **3**, 73, 237 ; **4**, 175 ; **7**, 207.

— Statuts de la vicomté de Maremne, **7**, 279 ; **8**, 57, 107, 231.

— Lettre du capitaine Jehan de La Planche, **8**, 211.

— Trois lettres de J. de Sanct-Esteban, gouverneur de Dax, **9**, 47.

Oloron (Sceau d'un chanoine d'), **13**, *55*.

Onesse, (Marnes argileuses à), **14**, *70*.

Ophite (Boulets d'), **15**, *67*.

Orient (Saint) **26**, 89, 153, 225.

Orthe, vicomte, **4**, 71 ; procès entre les habitants et le vicomte, **19**, 213, 229 ; églises du pays, **11**, 69.

Orthez, Officialité, **10**, *31* ; Observatoire et observations météorologiques, **16**, *52*, *66* ; **18**, *55* ; Le mois de Janvier 1709. **16**, *38* ; La Maison du roi, **16**, 51.

Ozanne, La découverte du sel gemme à Dax, **12**, 235.

— 30 —

P

Padouëns (Etymologie), **31**, *11*, *19* ; **32**, *11*.

Pandelon (Effondrement aux salines de Saint-), **32**, *57*.

Pau, (Congrès de l'Association française pour l'avancement des Sciences', **17**, *88*, *95* ; (Porcelaine à la marque de), **21**, *28*.

Paul-lès-Dax (Saint-), Géologie, **13**, *85* ; Découvertes archéologiques, **15**, *31* ; Sculptures de l'abside, **19**, *61*, *75*.

Pereira de Lima, Ibères et Basques, **29**, 133, 177, 265 ; **30**, 1.

Perse (Voyage de M. de Morgan en), **17**, *25*.

Pessan (monnaie Morlanne de), **8**, 65.

Pætus, proconsul Aquensis, **15**, 101, 103.

Peyrehorade (Les feux de la Saint-Jean à), **35**, 305.

Piette, Excursion aux abris de Brassempouy, **17**, 269.
— Une station solutréenne à Gourdan, **19**, *27*, 143.
— Son éloge funèbre, **31**, *17*.

Planté, La réunion à Dax de l'*Escole Gaston-Febus*, **24**, 18).

Poète laboureur (Un', **24**, *24*.

Poids modernes du midi de la France, **11**, *76* ; poids monétiformes, **14**, *29*.

Pomarez (Trouvaille de monnaies gauloises à', **17**, *57*, *67* ; **18**, *35*, 43, 49.

Pontacq, Ville et institutions municipales, **33**, *33* ; **34**, 291 ; **35**, 1, 65, 149, 241 ; **36**, 1.

Pontaut (Ruines de l'abbaye), **9**, *85* ; **17**, *53*.

Pontenx, Trésor, **10**, *83* ; **11**, *23*, 47 ; **12**, 161.

Pontonx (La Fronde à', **2**, 340.

Pottier, (Raimond) Remparts de Dax, **6**, 111.

Pothier (Général), Son éloge funèbre, **25**, *60*.

Potiers (Marques de), **14**, *26*.

Pouillon (Inscription tumulaire de Vidal de), **12**, *25*, *30*, *45* ; **13**, *108* ; **14**, *26*.

Poustagnac (Ensillage du maïs à), **3**, 183.

Préchacq (Lahire est né à), **32**, *35*, 105.

Prévost (Jean) médecin de Pau et son catalogue de plantes, **11**, *12*.

Poyanne, Bois fossiles, **15**, 108 ; Château, **29**, *56* ; (Lettre au marquis de), **20**, *70*.

Poyartin, (Découvertes archéologiques à), **14**, *21*, *60*.

Poydenot, Sonnet sur le mois de Juin, **20**, 141.

Poymartet et de **La Fosse-Guibault**, Hôpitaux, **20**, 197.

Pujo-le-Plan (Mosaïque), **17**, *25*.

Puy (Haches polies trouvées au), **9**, *18*.

Pyrénées (Monuments mégalithiques), **1**, 167 ; (Paix des), **3**, 81, 317 ; **4**, 281.

Pyrénées (Basses), Carte d'état-major, **3**, 209.

Pyrénées-Occidentales (Minéraux et ophites des), **11**, 181.

Q

Quatrefages (Lettre de M. de), **6**, *73*.

Questaux au moyen-âge, **28**, *23*.

Quillacq (Chêne de), **4**, 231 ; **5**, *47* ; **6**, *21*.

Quitterie (Tombeau de Sainte), **13**, 321 ; Basilique, **11**, 211, 243, 259 ; Culte au diocèse de Rouen, **29**, *35*.

R

Rau (Seigneur du), **10**, *19*.

Raulin, Éloge funèbre, **30**, *32*.

Rion (Visite à), **14**, *50*, *71*.

Rivière (La grotte de), **36**, 137.

Roquefort, (Vie communale au XVIIIe siècle), **13**, 287 ; **16**, *89* ; vue cavalière, **21**, *21*.

Roujon, Rapport de l'anthropologie et de la zoologie, **1**, 153.
— Anatomie des yeux composés, **2**, 229.
— Sur une doctrine médicale philosophique, **2**, 473.
— Influence des chaines de montagnes sur les migrations humaines, **3**, 299.

Roumeguère, Nouvelle amanite comestible, **5**, 183.
 — Nouvelle espèce d'omphalia, **7**, 69.

S

Sabres (Age du silex de), **8**, *19*.

Salettes (Baron de), Son éloge funèbre, **28**, *26*.

Salies (Abbaye laye de), **21**, 115.

Salles (Isidore), **21**, 115 ; Son éloge funèbre, **25**, *61* ; Projet de monument, **26**, *62*, *68*.

Samadet, Le Camp de Lamotte, **25**, 149 ; La Faïencerie, **20**, 61 ; **28**, *32*, 93, 133.

Sanguinet à Mimbaste (Château de), **16**, *81*, *83*.

Sarbazan, Eglise, **12**, 107 ; Fouilles, **13**, *47* ; **16**, *88* ; **17**, *44*, *76*; Mosaïque, **16**, *31* ; Clocher, **17**, *76* ; Excursion, **23**, *70*.

Saubagnac (Chapelle de), **2**, 289.

Sauveterre et **Salies**, **15**, 105.

Sceaux anciens, **16**, *23* ; modernes, **15**, *61*.

Sel gemme (Sur l'origine du , **15**, *111*.

Silex (Taille du, **10**, 24.

Sendos (Philippe de Béarn, seigneur de), **19**, 285.

Sentex, Mosaïques du Gleyzia de Saint-Sever, **15**, *115*, 229 ; **16**, 1.
 — La faïencerie de Samadet, **28**, *32*, 93, 133.
 — Les représentants du peuple et le tribunal révolutionnaire à Saint-Sever, **29**, *27*, 73.
 — Doléances de quelques paroisses de la sénéchaussée de Saint-Sever **32**, 67.
 — Son éloge funèbre, **35**, *29*.

Serres, Sources thermo-minérales de Dax, **1**, 17.
 — Origine de poteries trouvées dans l'Adour, **1**, 105, 133.
 — Vestiges de chapelle de Saubagnac, **2**, 289.
 — Ensillage du maïs à Poustagnac, **3**, 183.
 — L'anabaine de la Fontaine Chaude de Dax, **5**, 13.
 — Acclimatation à Dax d'une plante péruvienne, **6**, 315.
 — Les eaux de l'Adour à Dax, **17**, 155.

Serres, Le Nicandra physaloïdes, **6**, 316 ; **8**, 1.

  —   Appareil pour extraire le gaz des eaux, **12**, 87.

  —   Son éloge funèbre, **24**, *69*.

Serres-Gaston, 14, *30*.

Saint-Sever, Collège, **9**, 63, 77 ; Mosaïques, **15**, 229 ; **16**, 1 ; Découvertes gallo-romaines, **16**, 253 ; **18**, *59* ; **27**, *31* ; Église abbatiale, **25**, 241 ; Documents sur l'abbaye, **37**, *25*, 1 ; Représentants du peuple et tribunal révolutionnaire, **29**, *27*, 73 ; Cahier des doléances de la sénéchaussée, **31**, *24* ; **32**, 65.

Société préhistorique française, Lois sur les fouilles, **36**, *24*.

Souprosse, Dévotion à N.-D. de Goudosse, **29**, *35* ; **31**, 125.

Soustons, Archives, **21**, *73* ; **23**, 103 ; Étang et dunes, **29**, 45.

Souterrains creusés de main d'homme, **10**, *24*.

Sorbets, (Dr L.) Origine des noms de lieux des Landes, **8**, 249 ; **10**, 111.

  —   Le cardinal Pierre de Foix, évêque d'Aire, **9**, 135.

  —   Autels votifs d'Aire, **9**, *65*, 153, 159 ; **10**, 109.

  —   Trois évêques inconnus jusqu'ici, **10**, 205.

  —   Oppidum des Tarusates, **11**, 35, 205.

  —   Monogrammes du château de Doazit, **11**, 289 ; **12**, 47.

  —   Le « Marti Lelhunno » des autels votifs d'Aire, **12**, 157.

  —   Origine de la langue gasconne, **13**, 81.

  —   Carillon de Sainte-Quitterie du Mas, **13**, 87.

  —   Le Congrès archéologique auprès du tombeau de Sainte-Quitterie, **13**, 321.

  —   Apollon et Pégase, sculpture d'Aire, **14**, 145.

  —   Histoire des faïencerie du Sud-Ouest, **18**, *60*.

  —   Faïenceries de Samadet, **20**, 61.

  —   Origine des Aquitains, **20**, 181.

  —   Aire-sur-l'Adour, **20**, 213.

  —   Son éloge funèbre, **15**, *30*.

Sorde, Fouilles, **18**, *67* ; Sceau d'un prieur, **15**, *33* ; Lettres royales en faveur de l'abbaye, **33**, 133 ; Inscriptions modernes, **8**, *73*, *79*.

Soorts, (Vases gallo-romains trouvés à) **1**, 161 ; Haches découvertes, **12**, *96*.

Sore (Notes sur), **15**, *38*, *48*, *68*, *88*, 135, 177, 189 ; **16**, 15 ; **17**, 47.

Suarez d'Aulan, évêque de Dax, **20**, *70*, *voir* Degert, Evêques de Dax.

Sud-Ouest, Pétrole et roches, **1**, 53 ; Faune malacologique, **2**, 199 ; Coquilles tertiaires, **12**, 243.

Superstitions médicales des Landes, **5**, 241 ; **6**, 79.

T

Taillebois, Monnaies anciennes et modernes; **2**, 391 ; **3**, 159.
— Classement de la Bibliothèque de la Société de Borda, **3**, 273 ; **6,** 1.
— Le trésor du Leuy, **3**, 307 ; **4**, 53.
— Le monnayage de Dax,**4**, 65.
— Le Trésor de Barcus (deniers celtibériens), **4**, 243.
— Trouvaille d'Aurimont (monnaies royales), **5**, 97.
— Sur deux sépultures gallo-romaines à Saint-Vincent-de-Xaintes,
    5, 187.
— Bijoux vandales trouvés à Donzacq et au Leuy, **6**, 105.
— Epigraphie Dacquoise, **6**, 213.
— Monnaies romaines de Donzacq, **7**, 39.
— Exposition d'archéologie ethnographique de la Société de Borda,
    7, 137.
— Sigles figulins chez les Ausci, **7**, 167.
— Monnaies romaines inédites, **7**, 235.
— Le Trésor de Laujuzan, **7**, 223.
— Monnaies morlannes découvertes à Pessan, **8**, 65.
— Prétendues inscriptions des Convenæ, **9**, 1.
— Inscription Tarbellienne du Vieux-Poitiers, **9**, 11.
— Sur les deux autels votifs d'Aire, **9**, 65.
— Recherche sur la numismatique de la Novempopulanie, **9**, 227 ;
    10, 1 ; **14**, 117.
— Le temple de Mars Lelhunnus à Aire, **10**, 67, 177.
— La fontaine d'or de Pontenx-les-Forges, **11**, 23, 47.
— Découvertes de monnaies morlanes à Gondrin, **11**, 67.
— Les monogrammes du château de Candale à Doazit, **11**, 285.
— Sur le nom de la Fontaine Chaude, la « Nèhe », **12**, 153.
— Trésor de Lahas, **13**, 94, 273.
— Marques de potiers des Landes, **13**, 327.
— Poids monétiformes, **14**, 29.
— Archéologie à l'exposition universelle, **14**, 301.
— Fouilles de Saint-Vincent-de-Xaintes, **17**, 54.

Taller et Gourbera, Extrait des registres du Conseil d'Etat, **22,** 21.

Tarbelli (Monnaies des), **18**, 49.

Tarbellienne (Inscription) du Vieux-Poitiers, **9**, 11.

Tarbes (Origine de la cité de), **9**, 38 ; Inscriptions du musée, **10**, 85.

Tardy, Bassins du Rhône et de l'Adour comparés, **1**, 63.
— 　　Sur le limnimètre du Docteur Forel, **3**, 191.
— 　　Prévisions du temps, **14** 87.

Tartas, Vue cavalière, **21**, *57, 60* ; Anciennes coutumes, **30**, 39 ; **36**, 201,
　　253 ; **37**, *55*, 233 ; Confrérie du St-Srcrement, **32**, *57* ; Compte
　　des dames de la Charité, **33**, *30* ; Ursulines, **17**, *85* ; **18**, 189 ;
　　Procès-verbaux des trois ordres de la Sénéchaussée, **6**, 59 ; **7**, 1 ;
　　Doléance des paroisses de la Sénéchaussée en 1789, **30**, 241, 285 ;
　　31, 1, 73, 165.

Tastoa (Ville gallo-romaine), **10**, *22, 42, 51, 65*.

Tarusates (Oppidum des), **11**, 35, 107. 205.

Tauzin, Oppidun des Tarusates, **11**, 107.

Télégraphie sans fil (Expériences de), **24**, *49, 61*.

Téléphonie et Télégraphie (Expériences de), **14**, 319.

Tercis (Procès du curé de) et du chapitre de Dax, **20**, *63*.

Testut, Fouille des tumuli de Garlin, **8**, 269.

Téthieu (Forêt de), **19**, *55*.

Teyssandier, Nomenclature et classification d'un certain nombre d'oiseaux
　　préparés pour le Musée de la Société, **5**, 249 ; **6**, 157.

Thore, Pétrole et roches du Sud-Ouest, **1**, 53.
— 　　Cristallisation et métamorphisme, **2**, 221.
— 　　Radiomètre d'absorption, **3**, 295 ; **7**, 57.
— 　　Théorie de la cassure du silex, **3**, 22.
— 　　Sur un hygromètre à glycérine, **5**, 237.
— 　　Diatonées de Salies-de-Béarn, **3**, 163.
— 　　Une nouvelle diatonée trouvée à Dax, **8**, 113.
— 　　Algues de Néris, **9**, 143.
— 　　Eclipse de lune, **9**, 297.
— 　　Algues des sources de Dax, **10**, *95* ; **24**, *13*.
— 　　Une nouvelle force, **12**, 51, 83, 117 ; **13**, 13. 19.
— 　　Nouvelle balance pour les densités, **12**, 131.
— 　　Son éloge funèbre, **26**, *61*.

Thore et du Boucher, Sables des Landes, **7**, 189.
—　　　　—　　　Minéraux et ophite dans les Pyrénées, **11**, 181.

Thore et Dufourcet, Passage de Vénus sur le soleil, **7**, 277.
—　　　　—　　　Exploitation du sel gemme à Dax, **11**, 99.

Titane (Réaction pyrognostique du), **9**, *12*.

Toulouse, Poids, **15,** *65* ; Reclus de la Visitation, **14**, *62*, 227.

Tumuli (Classification des), **8,** *28*.

U

Urgons (Inscriptions modernes), **13,** *39*.

Uza (Framée mérovingienne trouvée à), **1,** *45*.

V

Val de Grâce (sceau du), **15,** *109*.

Vallée, Saint Vincent de Xaintes est-il saintongeais ? **10,** 191.

Veyrines (Sur les), **12,** *73*.

Vicq (Landes) (Vase cinéraire trouvé à), **6,** 165.

Vicq-Fezensacq (Monnaies modernes découvertes à), **6,** *21*.

Vignoles (Bertrand), seigneur d'Auribat, **32,** *29*.

Ville (Lettre inédite de l'abbé de la), **21,** *65*, 223.

Vincent de Paul, ordonné en Périgord, **7,** *76* ; Sa maison de Ranquines, **31,** *10*, 333 ; Lettres inédites, **20,** *52* ; **36,** 105 ; Correspondance, **35,** *40*, *54*, 147.

Vincent-de-Paul (Saint-), Monnaies romaines trouvées à, **35,** *21*.

Vincent-de-Tyrosse (Saint-), Découvertes à, **9,** *26*.

Vincent de Xaintes (Saint), est-il saintongeais ? **10,** 191 : Son tombeau, **17,** *27* ; (Offices de), **18,** *52*, 51 ; Anciennes fouilles et découvertes, **5,** 187 ; **17,** *52*, 143 ; **19,** *45* ; Mosaïque, **20,** 69 ; **22,** *24*, *35*; Chrisme, **8,** *66* ; **18,** *66* ; Vieux monastère, **23,** *94* ; Faïencerie, **26,** *35* ; Famille Du Gros, **17,** *34*.

Vinson (Incident), **5,** *67*.

Viticulture antique (Dialogue sur la), **12,** 199 ; **13,** 25, 57, 157; **14,** 89, 267.

Vœu en faveur des archives, **34,** *31*.

Voie des morts, 12, 69.

Webster et d'Abbadie, Carte d'Etat-Major des Basses-Pyrénées, **3,** 209.

X

Xambeu, Le Collège de Saint-Sever, **9,** 63, 77,

www.ingramcontent.com/pod-product-compliance
Lightning Source LLC
LaVergne TN
LVHW082239170726
843503LV00011B/4484